σχολείο - yachay wasi	2
ταξίδι - ch'usay	5
μεταφορά - astana	8
πόλη - llaqta	10
τοπίο - wanlla	14
εστιατόριο - mikhuna wasi	17
σούπερ μάρκετ - jatun qhatu	20
ποτά - upyanakuna	22
φαγητό - mikhuna	23
αγρόκτημα - chakra wasi	27
σπίτι - wasi	31
σαλόνι - k'illi wanlla	33
κουζίνα - wayk'una wasi	35
μπάνιο - akana wasi	38
παιδικό δωμάτιο - wawa k'uchu	42
ρούχα - p'acha	44
γραφείο - ujisina	49
οικονομία - qullqikamay	51
επαγγέλματα - llamk'aykuna	53
εργαλεία - ruk'awi	56
μουσικά όργανα - takichiy nakuna	57
ζωολογικός κήπος - jatun uywa kancha	59
αθλήματα - atipanaku pukllay	62
δραστηριότητες - ruwakuna	63
οικογένεια - yawar masikuna	67
σώμα - uqhu	68
νοσοκομείο - Jampina wasi	72
έκτακτη ανάγκη - urjinsia	76
Γη - Pacha	77
ρολόι - phani (kuna)	79
εβδομάδα - qanchischaw	80
έτος - wata	81
σχήματα - pacha tupusqa rikch'ay	83
χρώματα - llimp'ikuna	84
αντίθετα - wakjinakuna	85
αριθμοί - yupaykuna	88
γλώσσες - simikuna	90
ποιος / τι / πως - pi / ima / imayna	91
που - maypi	92

Impressum
Verlag: BABADADA GmbH, Nedderfeld 112 , 22529 Hamburg
Geschäftsführer / Verlagsleitung: Harald Hof
Druck: Books on Demand GmbH, In de Tarpen 42, 22848 Norderstedt

Imprint
Publisher: BABADADA GmbH, Nedderfeld 112 , 22529 Hamburg, Germany
Managing Director / Publishing direction: Harald Hof
Print: Books on Demand GmbH, In de Tarpen 42, 22848 Norderstedt

σχολείο
yachay wasi

- διαιρώ / rak'iy
- 186/2
- πίνακας / pirqa qillqana
- σχολική τάξη / yachaqaywasi
- σχολική αυλή / kancha
- δάσκαλος / yachachiq
- χαρτί / raphi
- γράφω / qillqay
- στυλό / qillqana
- γραφείο / llamk'a jamp'ara
- χάρακας / chiqanchana
- βιβλίο / p'anqa
- μαθητής / yachaqaq

σχολική τσάντα
wayaqa

κασετίνα/ μολυβοθήκη
p'uktaki llimp'i qillqana

μολύβι
yana qillqana

ξύστρα
ñawch'ina

γόμα
qillqakhituna

μπλοκ ζωγραφικής
qillqana p'anqa siq'inapaq

ζωγραφική
siq'i

πινέλο
chukcha llimp'ina

κουτί χρωμάτων
p'uktaki llimp'ikuna

ψαλίδι
k'utuna

κόλλα
k'akachana

τετράδιο ασκήσεων
qillqana p'anqa ruwanakuna

εργασία για το σπίτι
kamachinakuna

αριθμός
yupay

προσθέτω
yapay

αφαιρώ
qhichuqay

πολλαπλασιάζω
mirachay

υπολογίζω
yupanchay

γράμμα
sanampa

αλφάβητο
sanampakuna

λέξη
simi rimay

σχολείο - yachay wasi

κείμενο	διαβάζω	κιμωλία
qillqa	ñawiriy	iskuna
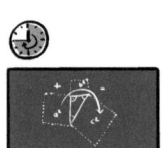		
μάθημα	εγγράφομαι	τεστ
yachachina	qillqana p'anqacha	chaninchana

πιστοποιητικό	μαθητική στολή	εκπαίδευση
certificaru	uniforme	yachay

εγκυκλοπαίδεια	πανεπιστήμιο	μικροσκόπιο
jatun simi pirwa	Jatun yachaywasi	microscopio
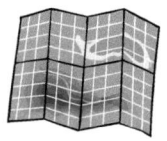		
χάρτης	καλάθι αχρήστων	
saywa siq'i	raphi chuqana	

σχολείο - yachay wasi

ταξίδι
ch'usay

ξενοδοχείο
tampu wasi

ξενώνας
qurpa wasi

ανταλλακτήρια συναλλάγματος
qullqi rantina wasi

βαλίτσα
p'acha churana

αυτοκίνητο
kuchi

γλώσσα
simi

ναι / όχι
ari / mana

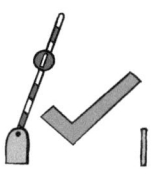

εντάξει
ari

γεια σου
Imaynalla

μεταφραστής
tikraq

Ευχαριστώ
Pachi

ταξίδι - ch'usay

πόσο κάνει ;
¡Machkhataq?

Δε καταλαβαίνω
Mana yachanichu

πρόβλημα
ch'ampay

Καλησπέρα!
¡Allin tuta!

Καλημέρα!
¡Allin P'unchaw!

Καληνύχτα!
¡Allin tuta!

Αντίο
tinkunakama

κατεύθυνση
pusachay wasi

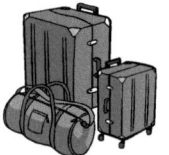

αποσκευές
q'ipi

τσάντα
wayaqa

σακίδιο πλάτης
wasa wayaqa

καλεσμένος
jamuynisqa

δωμάτιο
wasi

υπνόσακος
puñunapaq wayaqa

σκηνή
tienda

ταξίδι - ch'usay

τουριστικές πληροφορίες
turismu willakuy

παραλία
quchapata

πιστωτική κάρτα
tarjita kriditumanta

πρωινό
paqarin mikhuy

μεσημεριανό
chawpi p'unchaw mikhuy

δείπνο
tuta mikhuy

εισιτήριο
qullqi

ανελκυστήρας
makina wicharinapaq

γραμματόσημο
unanchana

σύνορα
saywa

τελωνείο
adwana

πρεσβεία
imwajada

βίζα
visa

διαβατήριο
pasapurti

ταξίδι - ch'usay

μεταφορά
astana

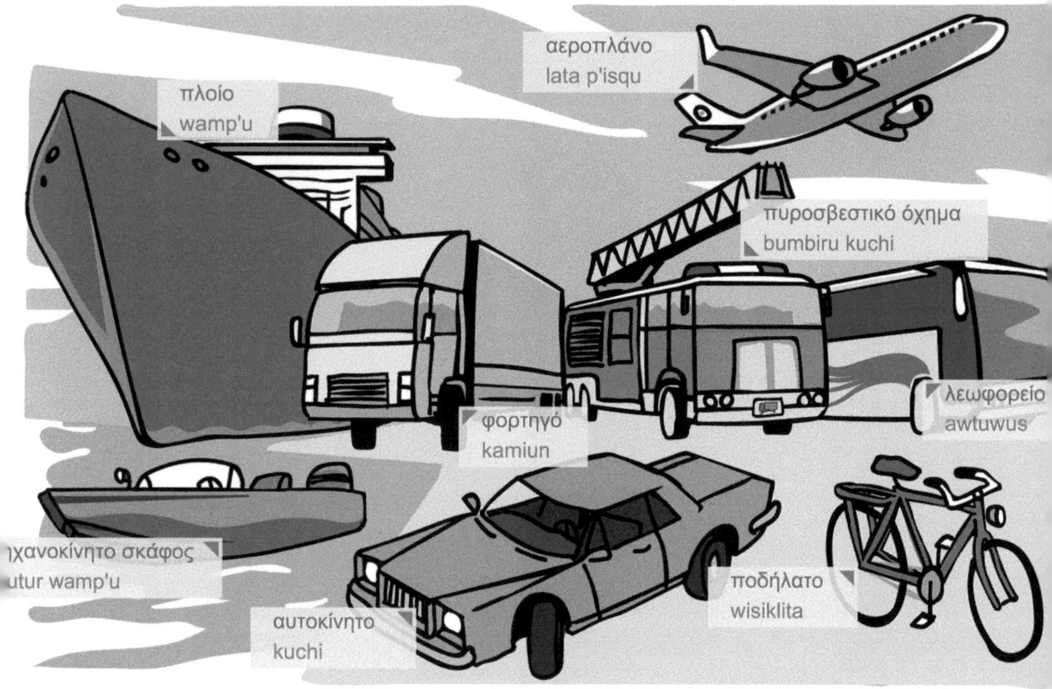

- αεροπλάνο — lata p'isqu
- πλοίο — wamp'u
- πυροσβεστικό όχημα — bumbiru kuchi
- φορτηγό — kamiun
- λεωφορείο — awtuwus
- μηχανοκίνητο σκάφος — utur wamp'u
- αυτοκίνητο — kuchi
- ποδήλατο — wisiklita

φεριμπότ
quchacha

βάρκα
wamp'u

μοτοσικλέτα
mutu

περιπολικό
pulisiyap autun

αγωνιστικό αυτοκίνητο
usqay karru

ενοικιαζόμενο αυτοκίνητο
kuchi manukuna

μεταφορά - astana

μοιρασμός αυτοκινήτων	γερανός	απορριμματοφόρο
kuchi manu	grua	q'upa kamiun

κινητήρας	καύσιμο	βενζινάδικο
mutur	gasulina	gasulinamanta istasiun

 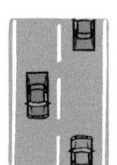 

πινακίδα σήμανσης	κυκλοφορία	κυκλοφοριακή συμφόρηση
chakatana sanampa	trajiku	chakatana

χώρος στάθμευσης	σιδηροδρομικός σταθμός	σιδηροδρομικές γραμμές
istasiun	trin estasiun	ñankuna

 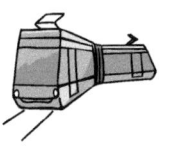 

τρένο	τραμ	βαγόνι
trin	tranwia	wagun

μεταφορά - astana

ελικόπτερο
ilikuptiru

αεροδρόμιο
lata p'isqu kiti

πύργος
pukara

επιβάτης
pasaqlla

εμπορευματοκιβώτιο
jatun p'uktaki

χαρτοκιβώτιο
karton p'uktaki

καρότσι
kapachu

καλάθι
isanka

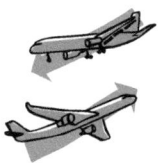
απογειώνομαι /
προσγειόνομαι
phaway / uray

πόλη
llaqta

χωριό
llaqta

κέντρο της πόλης
chawpi jatun llaqta

σπίτι
wasi

10 πόλη - llaqta

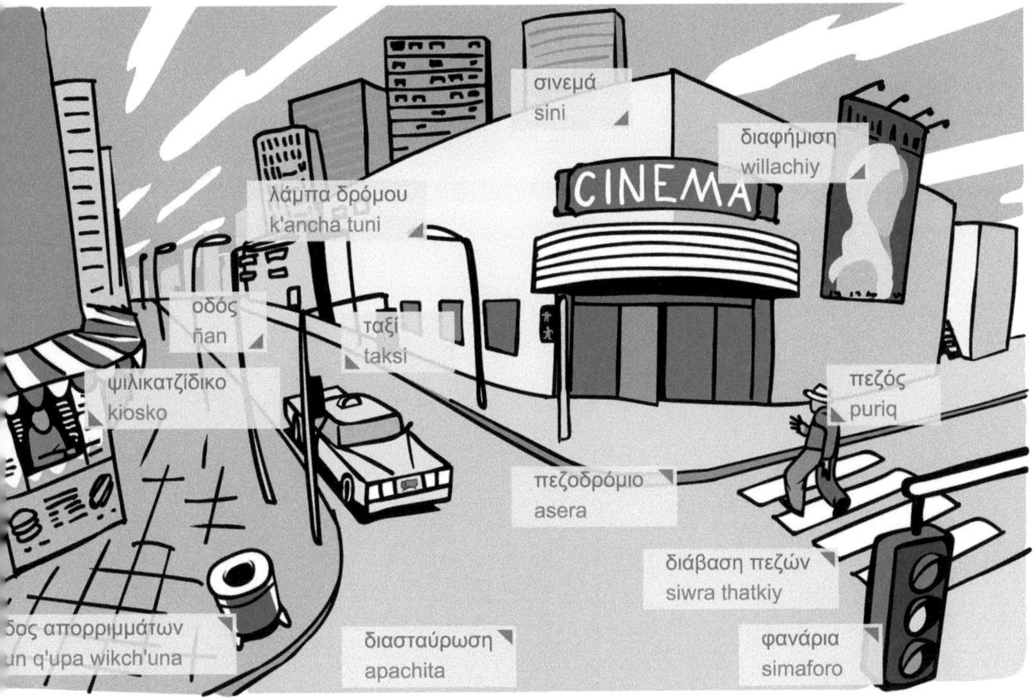

σινεμά
sini

διαφήμιση
willachiy

λάμπα δρόμου
k'ancha tuni

οδός
ñan

ταξί
taksi

ψιλικατζίδικο
kiosko

πεζός
puriq

πεζοδρόμιο
asera

διάβαση πεζών
siwra thatkiy

σκουπιδοτενεκές απορριμμάτων
q'upa wikch'una

διασταύρωση
apachita

φανάρια
simaforo

καλύβα
ch'ullka

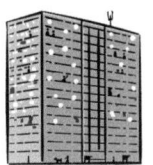

διαμέρισμα
apartamento

σιδηροδρομικός σταθμός
trin estasiun

δημαρχείο
tantanakuy wasi

μουσείο
rikuchina wasi

σχολείο
yachay wasi

πόλη - llaqta

πανεπιστήμιο
Jatun yachaywasi

τράπεζα
qullqi pirwa

νοσοκομείο
Jampina wasi

ξενοδοχείο
tampu wasi

φαρμακείο
jampi ranqhana wasi

γραφείο
ujisina

βιβλιοπωλείο
p'anqa pirwa

κατάστημα
tienda

ανθοπωλείο
t'ika wasi

σούπερ μάρκετ
jatun qhatu

αγορά
qhatu

πολυκατάστημα
jatun pirwa

ιχθυοπωλείο
challwa wasi

εμπορικό κέντρο
jatun rantina wasi

λιμάνι
wamp'u qhispinan

πόλη - llaqta

πάρκο
jark'asqa chiqan

παγκάκι
qullqi pirwa

γέφυρα
chaka

σκάλες
wichana

μετρό
metro

τούνελ
suqhu

στάση λεωφορείου
autuwus sayana

μπαρ
bar

εστιατόριο
mikhuna wasi

γραμματοκιβώτιο
la qillqa juch'uy wanqara

πινακίδα δρόμου
t'uqsi tuni

παρκόμετρο
parkimetro

ζωολογικός κήπος
jatun uywa kancha

πισίνα
armakuna

τζαμί
meskita

πόλη - llaqta

αγρόκτημα
chakra wasi

ρύπανση
pacha unquchiq

νεκροταφείο
Aya pampa

εκκλησία
iñiy wasi

παιδική χαρά
pukllana kancha

ναός
Qhapana

τοπίο
wanlla

φύλλο
raphi

πινακίδα κατεύθυνσης
sanampa

δρόμος
ñan

λιβάδι
waylla

πέτρα
rumi

δέντρο
sach'a

πεζοπόρος
puriq runa

ποτάμι
mayu

χορτάρι
sach'a

λουλούδι
t'ika

 κοιλάδα qhichwa	 λόφος muqu	 λίμνη qucha
 δάσος Sach'a sach'a	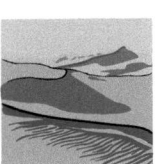 έρημος purun	 ηφαίστειο nina phuqchiq urqu
 κάστρο kastilla wasi	 ουράνιο τόξο k'uychi	 μανιτάρι champiñun
 φοίνικας chunta	 κουνούπι ch'uspi	 μύγα ch'uspi
 μυρμήγκι sik'imira	 μέλισσα wara	 αράχνη kusi kusi

τοπίο - wanlla

σκαθάρι
ch'iqi

βάτραχος
k'ayra

σκίουρος
artilla

σκαντζόχοιρος
askanku

λαγός
liwre

κουκουβάγια
ch'usiqa

πουλί
p'isqu

κύκνος
yuku p'isqu

αγριογούρουνο
sintiru

ελάφι
sierwu

άλκη
alsi

φράγμα
waykhasqa

ανεμογεννήτρια
wayrakallpa

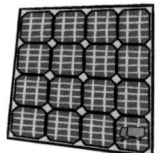

ηλιακός συλλέκτης
inti panil

κλίμα
pacha wayra

τοπίο - wanlla

εστιατόριο
mikhuna wasi

σερβιτόρος
wayna yanapaq

κατάλογος
menu

καρέκλα
tiyana

σούπα
supa

πίτσα
pitsa

μαχαιροπίρουνα
tumina

τραπεζομάντιλο
mast'a jamp'ara

ορεκτικό
ñawpaq mikhuna

κύριο πιάτο
yari mikhuna

επιδόρπιο
mikhuy yapa

ποτά
upyanakuna

φαγητό
mikhuna

μπουκάλι
wutilla

εστιατόριο - mikhuna wasi

φαστ φουντ
saqra ura

φαγητό στ' όρθιο
kalli mikhuna

τσαγιέρα
te churana

δοχείο ζάχαρης
misk'i churana

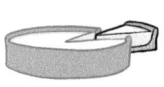

μερίδα
chhika

μηχανή εσπρέσο
cajitira iksprisu

ψηλή καρέκλα
jatun tiyana

λογαριασμός
yupay

δίσκος
bandija

μαχαίρι
tumi

πιρούνι
tinidur

κουτάλι
wislla uña

κουταλάκι του τσαγιού
juch'uy wislla uña

πετσέτα φαγητού
simi pichana

ποτήρι
qhispi akilla

εστιατόριο - mikhuna wasi

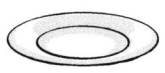		
πιάτο chuwa	πιάτο σούπας chuwa	πιατάκι φλιτζανιού chuwa
	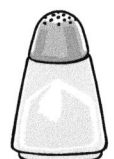	
σάλτσα salsa	αλατιέρα kachi churana	μύλος για πιπέρι pimienta kutana
	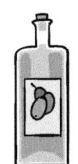	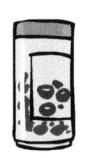
ξύδι k'allkucha	λάδι llukllu	μπαχαρικά ch'aki q'mirkuna

κέτσαπ ketchup	μουστάρδα mostaza	μαγιονέζα mayonisa

εστιατόριο - mikhuna wasi

σούπερ μάρκετ
jatun qhatu

προσφορά
kusa ranqhanapaq

πελάτης
rantiq

γαλακτοκομικά προϊόντα
willalli

φρούτα
puquy

καρότσι για ψώνια
rantina karro

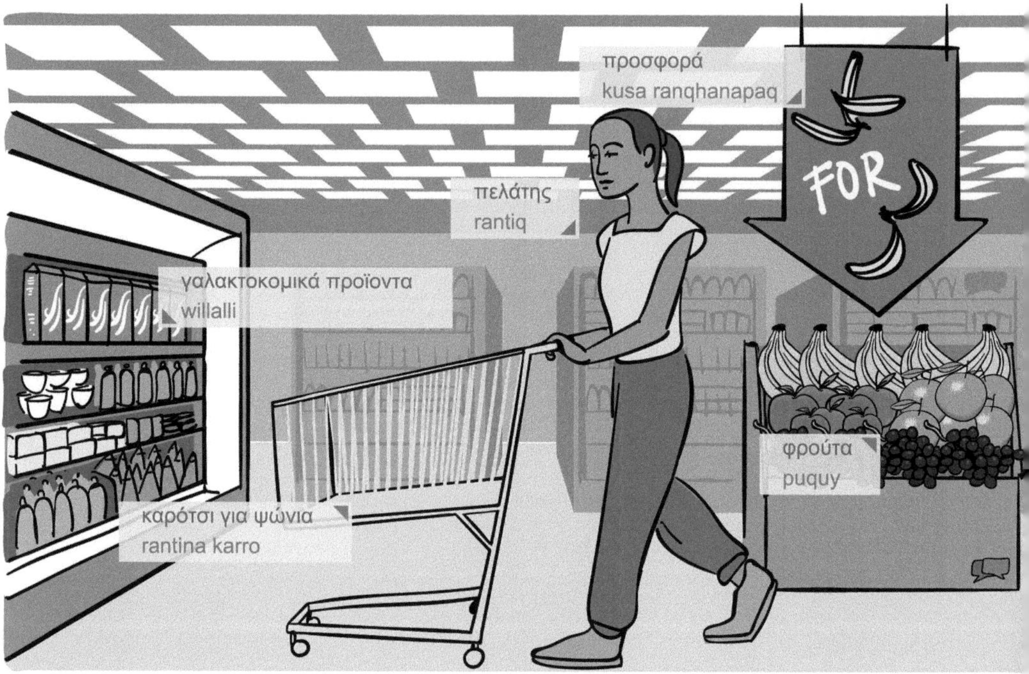

κρεοπωλείο
aicha wasi

φούρνος
t'anta wasi

ζυγίζω
llasay

λαχανικά
q'umirkuna

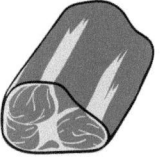

κρέας
aycha

κατεψυγμένα τρόφιμα
chhullunka mikhuna

20   σούπερ μάρκετ - jatun qhatu

αλλαντικά	κονσερβοποιημένη τροφή	απορρυπαντικό ρούχων
quqawi	mikhuna unaychasqa	ditirjinti

γλυκά	οικιακά είδη	καθαριστικά προϊόντα
misk'ikuna	wasimanta pruduktu	maylla produkto

πωλήτρια	ταμείο	ταμίας
ranqhaq	kartun p'uktaki	kajiru

λίστα για ψώνια	ωράριο λειτουργίας	πορτοφόλι
sinru qillqa rantina	sumaq runa uyarina phani	qullqi wayaqa

πιστωτική κάρτα	τσάντα	πλαστική σακούλα
tarjita kriditumanta	plastiko wayaqa	plastiku wayaqa

σούπερ μάρκετ - jatun qhatu

ποτά
upyanakuna

νερό
yaku

χυμός
jilli

γάλα
ch'awa

κόκα κόλα
coca cola

κρασί
vino

μπίρα
sirwisa

αλκοόλ
alkula

κακάο
kakawu

τσάι
te

καφές
caji

εσπρέσο
ieksprisu

καπουτσίνο
capuchinu

φαγητό
mikhuna

μπανάνα
platanu

μήλο
mansana

πορτοκάλι
laranja

πεπόνι
milun

λεμόνι
limun

καρότο
sanawrya

σκόρδο
aju

μπαμπού
wamwu

κρεμμύδι
siwulla

μανιτάρι
champiñun

ξηροί καρποί
awillana

νουντλς
jirius

μακαρόνια	ρύζι	σαλάτα
ispawiti	arrus	sarsa

πατατάκια	τηγανητές πατάτες	πίτσα
papa kanka	papa kanka	pitsa

χάμπουργκερ	σάντουιτς	κοτολέτα
amwirkisa	sanwich	jiliti

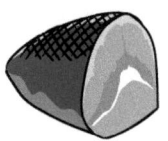  

ζαμπόν	σαλάμι	λουκάνικο
jamun	salami	salchicha

κοτόπουλο	ψητό	ψάρι
chichilu	aycha kanka	challwa

φαγητό - mikhuna

χυλός βρώμης
p'aqa awina

μούσλι
muesli

κορν φλέικς
p'aqa sara

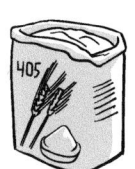
αλεύρι
jak'u

κρουασάν
krwasan

ψωμάκι
k'awka

ψωμί
t'anta

τοστ
t'anta jamk'a

μπισκότα
khamuna

βούτυρο
mantikilla

τυρόπηγμα
ñuqñu

κέικ
pastil

αυγό
runtu

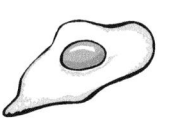
τηγανητό αυγό
runtu kanka

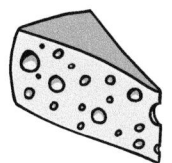
τυρί
masara

φαγητό - mikhuna

παγωτό
chullunka misk'i

ζάχαρη
misk'i

μέλι
wayrunq'u misk'i

μαρμελάδα
mirmilara

άλλειμμα σοκολάτας
krima turrunmanta

κάρυ
kurri

φαγητό - mikhuna

αγρόκτημα
chakra wasi

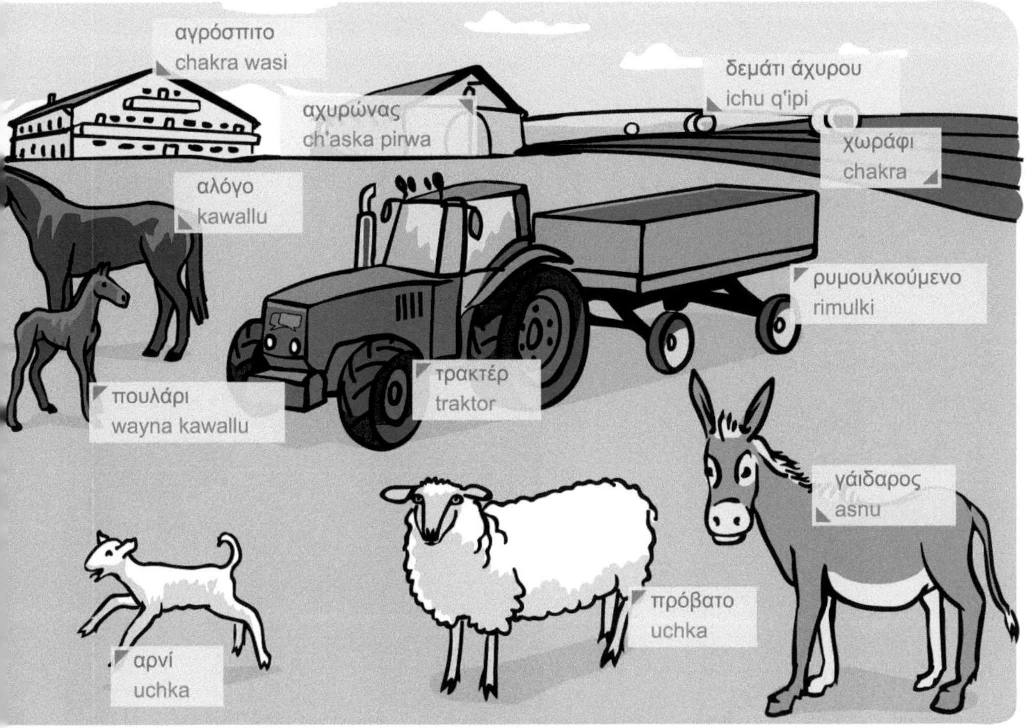

αγρόσπιτο — chakra wasi
αχυρώνας — ch'aska pirwa
δεμάτι άχυρου — ichu q'ipi
χωράφι — chakra
άλογο — kawallu
ρυμουλκούμενο — rimulki
πουλάρι — wayna kawallu
τρακτέρ — traktor
γάιδαρος — asnu
πρόβατο — uchka
αρνί — uchka

κατσίκα
karwa

αγελάδα
waka

μοσχαράκι
waka uña

γουρούνι
khuchi

γουρουνάκι
khuchi uña

ταύρος
turu

αγρόκτημα - chakra wasi

χήνα
wallata

πάπια
pili

κοτοπουλάκι
chchilu

κότα
wallpa

κόκορας
k'anka

αρουραίος
jatun juk'ucha

γάτα
misi/michi

ποντίκι
juk'ucha

βόδι
turu

σκύλος
alqu

σπιτάκι σκύλου
alquwasi

λάστιχο κήπου
mankira

ποτιστήρι
qarpana jalp'a

θεριστήρι
rutuna

αλέτρι
taklla

αγρόκτημα - chakra wasi

δρεπάνι
rutuna

τσάπα
liwk'ana

δίκρανο
sipina

τσεκούρι
ayri

χειράμαξα
kapachu

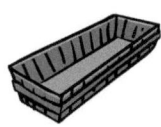
ταΐστρα
yaku upyana

δοχείο γάλακτος
willalli purunku

σάκος
jatun wayaqa

φράχτης
jark'aq ch'ipa

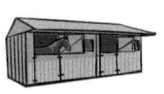
στάβλος
kancha wasi

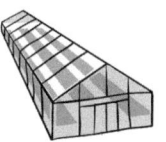
θερμοκήπιο
inwirnadiru

έδαφος
pampa

σπόρος
muju

λίπασμα
wanu

θεριζοαλωνιστική μηχανή
makina allana

αγρόκτημα - chakra wasi

θερίζω
allay

συγκομιδή
allay

γιαμς
ñame

σιτάρι
tiriwu

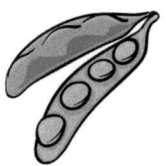
σόγια
soya

πατάτα
papa

καλαμπόκι
sara

κράμβη
kulsa luru

οπωροφόρο δέντρο
wayu sach'a

μανιόκα
mandiuka

δημητριακά
ch'aki puquy

αγρόκτημα - chakra wasi

σπίτι
wasi

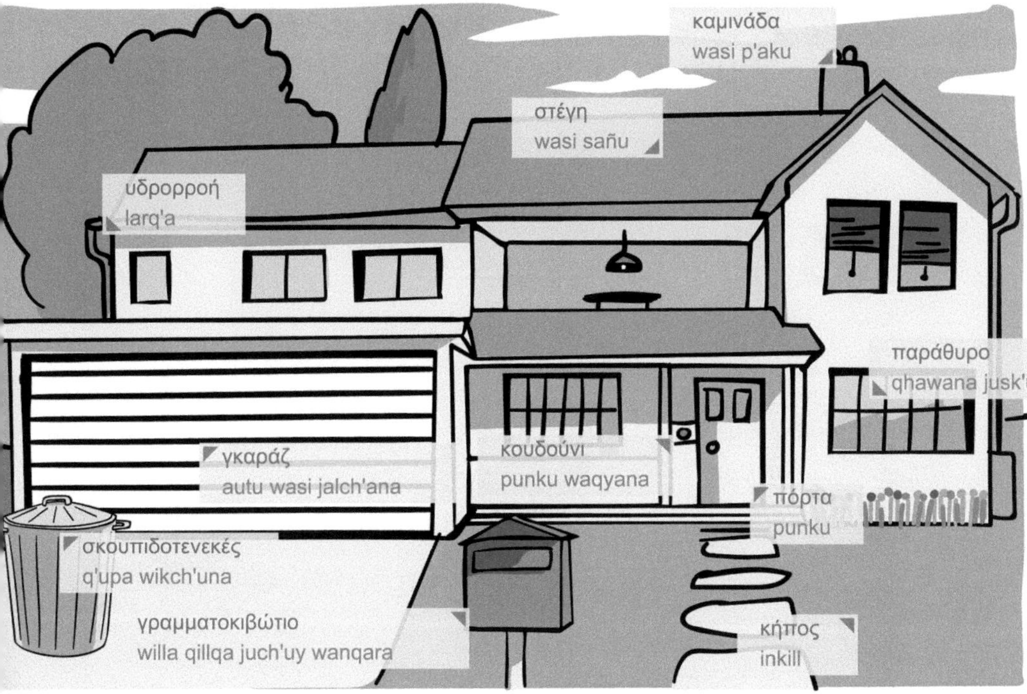

καμινάδα
wasi p'aku

στέγη
wasi sañu

υδρορροή
larq'a

παράθυρο
qhawana jusk'u

γκαράζ
autu wasi jalch'ana

κουδούνι
punku waqyana

πόρτα
punku

σκουπιδοτενεκές
q'upa wikch'una

γραμματοκιβώτιο
willa qillqa juch'uy wanqara

κήπος
inkill

σαλόνι
k'illi wanlla

μπάνιο
akana wasi

κουζίνα
wayk'una wasi

υπνοδωμάτιο
puñuna wasi

παιδικό δωμάτιο
wawa k'uchu

τραπεζαρία
mikhuna k'uchu

σπίτι - wasi 31

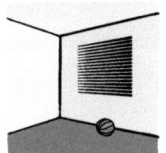

πάτωμα
pampa

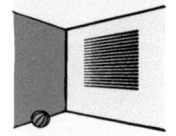

τοίχος
pirqa

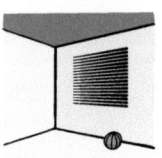

οροφή
wasip khatan

κελάρι
wasi ukhun

σάουνα
sawna

μπαλκόνι
walkun

βεράντα
pirqa

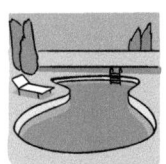

πισίνα
armakuna

μηχανή του γκαζόν
k'achina

σεντόνι
iqana

κάλυμμα κρεβατιού
khatana

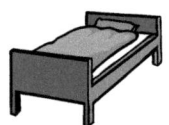

κρεβάτι
puñuna

σκούπα
pichana

κουβάς
yaku aysana

διακόπτης
k'ancha jap'ichiq

σαλόνι
k'illi wanlla

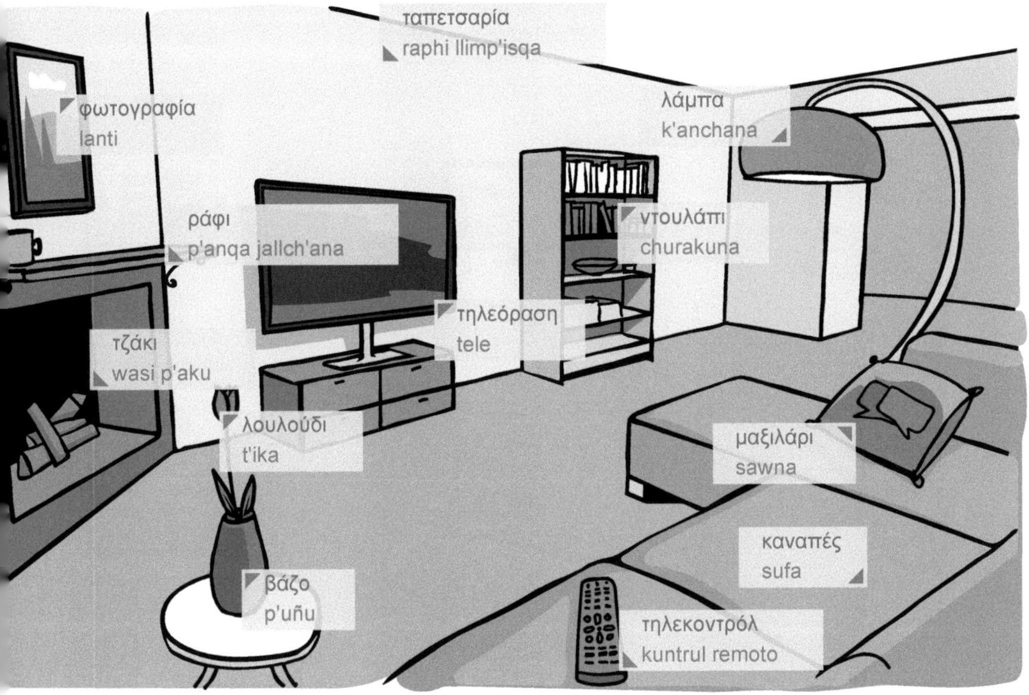

ταπετσαρία
raphi llimp'isqa

φωτογραφία
lanti

λάμπα
k'anchana

ράφι
p'anqa jallch'ana

ντουλάπι
churakuna

τζάκι
wasi p'aku

τηλεόραση
tele

λουλούδι
t'ika

μαξιλάρι
sawna

καναπές
sufa

βάζο
p'uñu

τηλεκοντρόλ
kuntrul remoto

χαλί
pampa mast'ana

κουρτίνα
arapa

τραπέζι
jamp'ara

καρέκλα
tiyana

κουνιστή πολυθρόνα
chhuku tiyana

πολυθρόνα
kirana

βιβλίο
p'anqa

κουβέρτα
mast'a

διακόσμηση
t'ikanchay

καυσόξυλα
llamt'a

ταινία
pelikula

στερεοφωνικό σύστημα
takina ekipu

κλειδί
ch'atana

εφημερίδα
mit'awa

πίνακας ζωγραφικής
llimp'i

αφίσα
poster

ραδιόφωνο
wayra simi

σημειωματάριο
qillqana p'anqa

ηλεκτρική σκούπα
aspiradora

κάκτος
pukru

κερί
ispilma

σαλόνι - k'illi wanlla

κουζίνα
wayk'una wasi

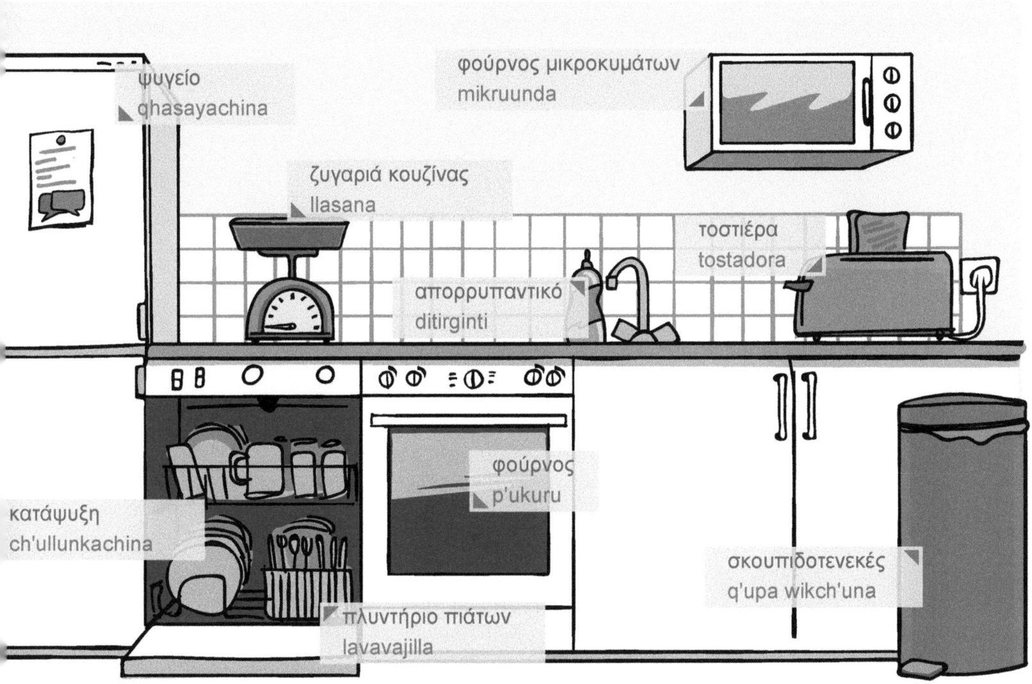

ψυγείο
qhasayachina

φούρνος μικροκυμάτων
mikruunda

ζυγαριά κουζίνας
llasana

τοστιέρα
tostadora

απορρυπαντικό
ditirginti

φούρνος
p'ukuru

κατάψυξη
ch'ullunkachina

σκουπιδοτενεκές
q'upa wikch'una

πλυντήριο πιάτων
lavavajilla

κουζίνα
presiun manka

κατσαρόλα
manka

μαντεμένια κατσαρόλα
q'illa manka

γουόκ/καντάι
wok

τηγάνι
payla

βραστήρας
thimpuchina

ατμομάγειρας
wapsina

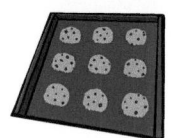

ταψί
p'ukuru punku

πιατικά
vajilla

κούπα
tasa

μπολ
tason

ξυλάκια
palillo

κουτάλα
wislla

σπάτουλα
phusuqa urquna

ανακατεύω
qaywina

σουρωτήρι
isanka

σουρωτηράκι
suysuna

τρίφτης
thupana

γουδί
kutana

ψησταριά
kawitu

ανοιχτή φωτιά
nina jap'ichina

σανίδα κοπής
k'ullu kuchunapaq

πλάστης
tuquru

ανοιχτήρι φελλών
sacacurchu

κονσέρβα
lata

ανοιχτήρι κονσέρβας
lata kichana

γάντι φούρνου
jap'ina

νεροχύτης
chuwa mayllana

βούρτσα
sipillu

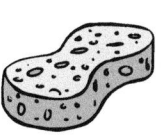

σφουγγάρι
ispunja

μπλέντερ
watidora

καταψύκτης
ch'ullunkachina

μπιμπερό
biberon

βρύση
grifo

μπάνιο
akana wasi

- θέρμανση / kalefaksiun
- ντους / armana
- πετσέτα / ch'akina
- κουρτίνα ντουζ / arapa
- αφρόλουτρο / phusuqa mayllana
- μπανιέρα / bañera
- ποτήρι / qhispi akilla
- πλυντήριο ρούχων / makina mayllana
- βρύση / grifo
- πλακάκια / azulijo
- γιογιό / manka jisp'ana
- νεροχύτης / chuwa mayllana

| τουαλέτα | τούρκικη τουαλέτα | μπιντές |
| akana | yakupaka | bidet |

| ουρητήριο | χαρτί υγείας | πιγκάλ |
| jisp'ana | papel higieniku | water pichana |

οδοντόβουρτσα
kiru khituna

οδοντόκρεμα
kiru pasta

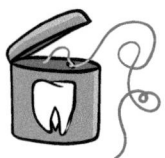
οδοντικό νήμα
kiru q'aytu

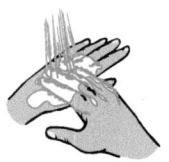
πλένω
mayllay

τηλέφωνο ντους
armana makiwan

ντουσιέρα
armana

λεκάνη
pila

βούρτσα πλάτης
wasa cepillo

σαπούνι
t'arta

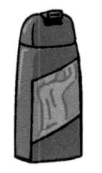
αφρόλουτρο
llukllu armanapaq

σαμπουάν
champu

φανέλα
ch'akina

σιφόνι
h'chi yaku wikch'una

κρέμα
krima

αποσμητικό
kuntu wayllak'upaq

μπάνιο - akana wasi

καθρέφτης
qhispi

καθρέφτης χειρός
qhawakunaqhispi

ξυραφάκι
mumikuna

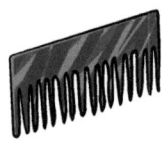

αφρός ξυρίσματος
phusuqu mumikunapaq

αφτερσέιβ
lusiun mumikunapaq

χτένα
sikrana

βούρτσα
kuiru khituna

σεσουάρ
sekadora

λακ
ispray

μακιγιάζ
makillaji

κραγιόν
simi llimp'ina

βερνίκι νυχιών
llimp'i sillu

βαμβάκι
ampi

ψαλίδι νυχιών
sillu k'utuna

άρωμα
untu

μπάνιο - akana wasi

νεσεσέρ   σκαμπό   ζυγαριά

wayaqa ch'usanapaq   chukuna   aysana

μπουρνούζι   ελαστικά γάντια   ταμπόν

bata   maki wayaqa gumamanta   tampon

 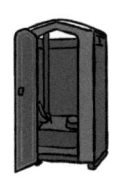

πετσέτα υγιεινής   χημική τουαλέτα

raphi ch'akina   akanapaq tiyana kimiku

παιδικό δωμάτιο
wawa k'uchu

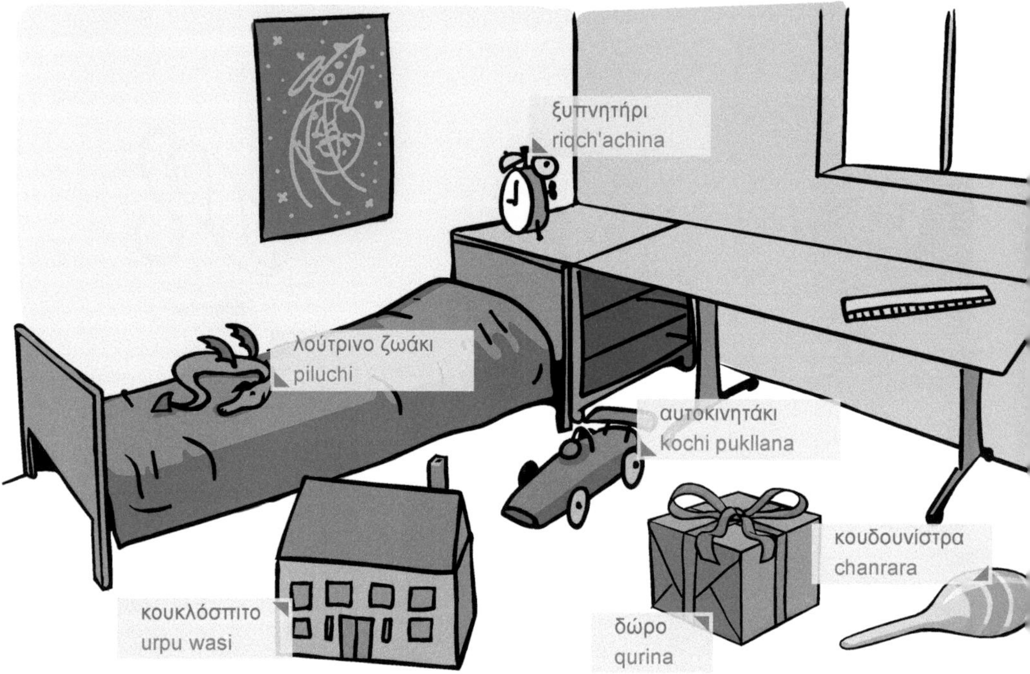

ξυπνητήρι
riqch'achina
λούτρινο ζωάκι
piluchi
αυτοκινητάκι
kochi pukllana
κουδουνίστρα
chanrara
κουκλόσπιτο
urpu wasi
δώρο
qurina

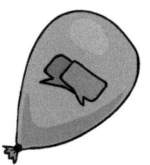

μπαλόνι
phuyu phuku

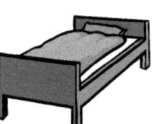

κρεβάτι
puñuna

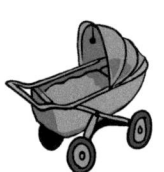

καροτσάκι
wawa kochi

τράπουλα
naypi

παζλ
pusli

SUPER
MEGA

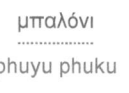

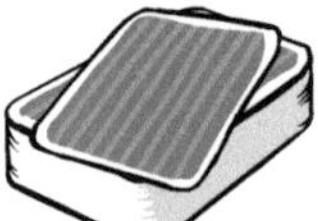

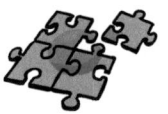

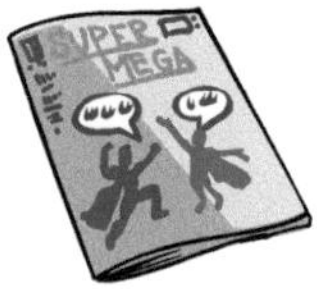

κόμικς
riwista

τουβλάκια lego

legukuna

τουβλάκια κατασκευών

wluki pukllana

φιγούρα δράσης

figura aksionmanta

 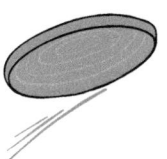 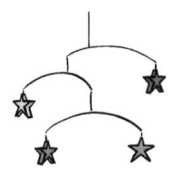

βρεφικό φορμάκι

wuri wawapaq

φρίσμπι

friswi

μόμπιλο

wawa marq'a

επιτραπέζιο παιχνίδι

jamp'ara pukllana

ζάρια

dado

σετ τρενάκι

trin iliktriko purina

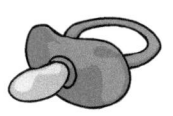  

πιπίλα

maniki

πάρτι

raymi

εικονογραφημένο βιβλίο

futu p'anqa

μπάλα

p'ulu

κούκλα

urpu

παίζω

pukllay

παιδικό δωμάτιο - wawa k'uchu

σκάμμα με άμμο
t'iyu p'utaki

κούνια
wallunk'a

παιχνίδια
pukllana

κονσόλα βιντεοπαιχνιδιών
wiriukunsula

τρίκυκλο
trisiklu

αρκουδάκι
jukumari pukllana

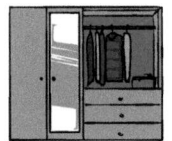
ντουλάπα
p'acha jallch'ana

ρούχα
p'acha

κάλτσες
chakiwayaqa

καλτσοδέτες
chakiwayaqa qharipaq

καλσόν
chakiwayaqa

κασκόλ
chalina

ομπρέλα
parawa

μπλουζάκι
kamisita

ζώνη
chunpi

μπότες
wutakuna

παντόφλες
zapatillakuna

αθλητικά παπούτσια
tinis

σανδάλια
llanq'i

παπούτσια
phapatukuna

γαλότσες
wutakuna parapaq

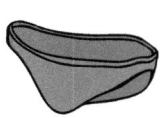

εσώρουχο
ukhu p'acha

σουτιέν
sustin

φανέλα
chaliku

ρούχα - p'acha

σώμα
wuri

παντελόνι
pantalu kurtu

τζιν παντελόνι
wakiru

φούστα
arphi

μπλούζα
wulusa

πουκάμισο
kamisa

πουλόβερ
chumpa

πουλόβερ
chumpa

σακάκι
blazer

μπουφάν
chakita

παλτό
qhata

αδιάβροχο πανωφόρι
yawardina

κοστούμι
traji

φόρεμα
wistiru

νυφικό
wistiru nowiamanta

ρούχα - p'acha

κοστούμι
traji

νυχτικό
kamisun

πιτζάμες
piyama

σάρι
sari

μαντήλι
wandana

τουρμπάνι
turbante

μπούρκα
burka

καφτάνι
kaftan

μουσουλμανικό ένδυμα
abaya

ολόσωμο μαγιό
traje mayllakunapaq

ανδρικό μαγιό
p'acha mayllakunpaq

σορτς
kurtu

αθλητική φόρμα
cha tukuy p'unchawpaq

ποδιά
dilantal

γάντια
makiwayaqa

ρούχα - p'acha

κουμπί
ch'itana

γυαλιά
gafakuna

βραχιόλι
maki watana

περιδέραιο
wallqa

δαχτυλίδι
siwi

σκουλαρίκι
linri quri

καπέλο
q'aspa

κρεμάστρα
p'acha warkhuna

καπέλο
chharara

γραβάτα
kurbata

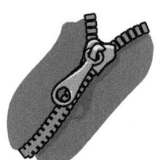
φερμουάρ
pantalu wisk'ana

κράνος
kasku

τιράντες
tirantikuna

μαθητική στολή
uniforme

στολή
uniformi

ρούχα - p'acha

σαλιάρα
llawsanapaq

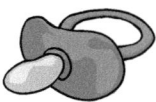
πιπίλα
maniki

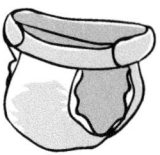
πάνα
jananta

γραφείο
ujisina

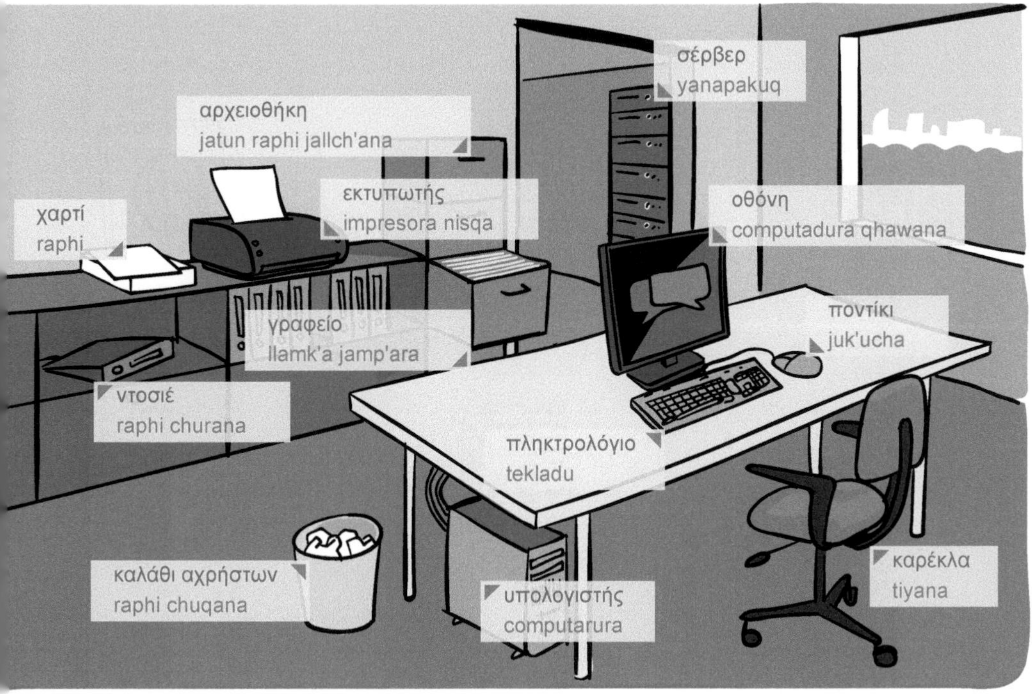

- αρχειοθήκη — jatun raphi jallch'ana
- χαρτί — raphi
- εκτυπωτής — impresora nisqa
- σέρβερ — yanapakuq
- οθόνη — computadura qhawana
- γραφείο — llamk'a jamp'ara
- ποντίκι — juk'ucha
- ντοσιέ — raphi churana
- πληκτρολόγιο — tekladu
- καλάθι αχρήστων — raphi chuqana
- υπολογιστής — computarura
- καρέκλα — tiyana

κούπα του καφέ
tasa cajimanta

κομπιουτεράκι
calcularura

ίντερνετ
intirnit

λάπτοπ
laptop

γράμμα
chaki qillqa

μήνυμα
willachiy

κινητό
silular

δίκτυο
red

φωτοτυπικό μηχάνημα
futukopia

λογισμικό
software

τηλέφωνο
tilijunu

πρίζα
toma corriente

συσκευή φαξ
faks

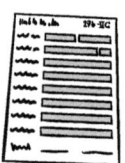
έντυπο
jurmulario

έγγραφο
asuy qillqa

γραφείο - ujisina

οικονομία
qullqikamay

αγοράζω   πληρώνω   συναλλάσσομαι
ranqhay   qupuy   ranqhay

χρήματα   δολάριο   ευρώ
qullqi   dólar qullqi   iwro qullqi

γιεν   ρούβλι   ελβετικό φράγκο
yen qullqi   ruwlu qullqi   juranku swisu qullqi

ρενμίνμπι γιουάν ρουπία   ΑΤΜ (αυτόματη ταμειακή
rinminwi qullqi   rupia qullqi   μηχανή)
                                  kajiru awtumatiku

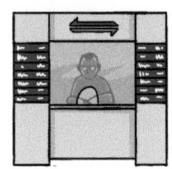
ανταλλακτήρια συναλλάγματος
qullqi rantina wasi

χρυσός
quri

ασήμι
qullqi

πετρέλαιο
pitruliu

ενέργεια
kallpa

τιμή
yupa

συμβόλαιο
mink'ay

φόρος
impuistu

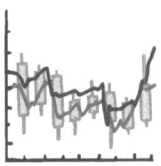
μετοχή
aksiun

δουλεύω
llamk'ay

υπάλληλος
llamk'achiq

εργοδότης
llamk'achiq

εργοστάσιο
puquchiy kiti

κατάστημα
tienda

οικονομία - qullqikamay

επαγγέλματα
llamk'aykuna

αστυνόμος
ajinti policiamanta

πυροσβέστης
wumwiru

μάγειρας
wayk'uq

γιατρός
jampi kamayuq

πιλότος
pilutu

κηπουρός
inkill kamayuq

ξυλουργός
llaqllaykamayuq

μοδίστρα
siraykamayuq

δικαστής
khuskachaq

χημικός
jampi ranqhaq

ηθοποιός
aranwaq

οδηγός λεωφορείου
awtuwus q'iwiq

ταξιτζής
taksi q'iwiq

ψαράς
challwakamayuq

καθαρίστρια
pichaq

τεχνίτης στεγών
wasip qhatan

σερβιτόρος
wayna yanapaq

κυνηγός
chakuykamayuq

ζωγράφος
llimp'iq

αρτοποιός
t'antiri

ηλεκτρολόγος
iliktrisista

οικοδόμος
llam'kaq

μηχανολόγος
k'llikacha

κρεοπώλης
ñak'aq

υδραυλικός
yaku kamayuq

ταχυδρόμος
qillqa apaq

επαγγέλματα - llamk'aykuna

στρατιώτης
awqakuq

αρχιτέκτονας
wasikamayuq

ταμίας
kajiru

ανθοπώλης
t'ikachaq

κομμωτής
chukcharutuq

ελεγκτής εισιτηρίων
q'iwichiq

μηχανικός
mikaniku

καπετάνιος
wamink'a

οδοντίατρος
kirukamayuq

επιστήμονας
jamawt'a

ραβίνος
rawinu

ιμάμης
k'askachimuq

μοναχός
munji

ιερέας
tata kura

επαγγέλματα - llamk'aykuna

εργαλεία
ruk'awi

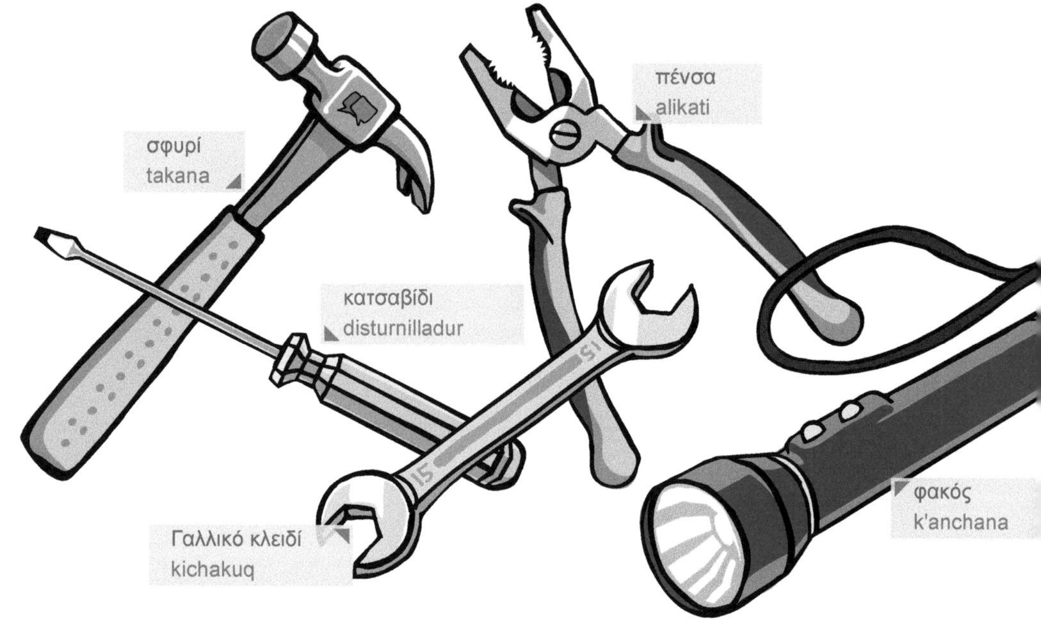

σφυρί
takana

πένσα
alikati

κατσαβίδι
disturnilladur

Γαλλικό κλειδί
kichakuq

φακός
k'anchana

εκσκαφέας
ikskawadura

εργαλειοθήκη
ruk'awi p'uktaki

σκάλα
wichana makiyuq

πριόνι
sierra

καρφιά
takarpu

τρυπάνι
talaru

επισκευάζω
allinchay

φτυάρι
lampa

Να πάρει!
¡Supay apachun!

φαράσι
q'upa tantana

δοχείο χρωμάτων
llimp'i churana

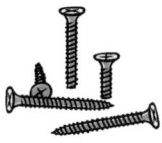
βίδες
turnillukuna

μουσικά όργανα
takichiy nakuna

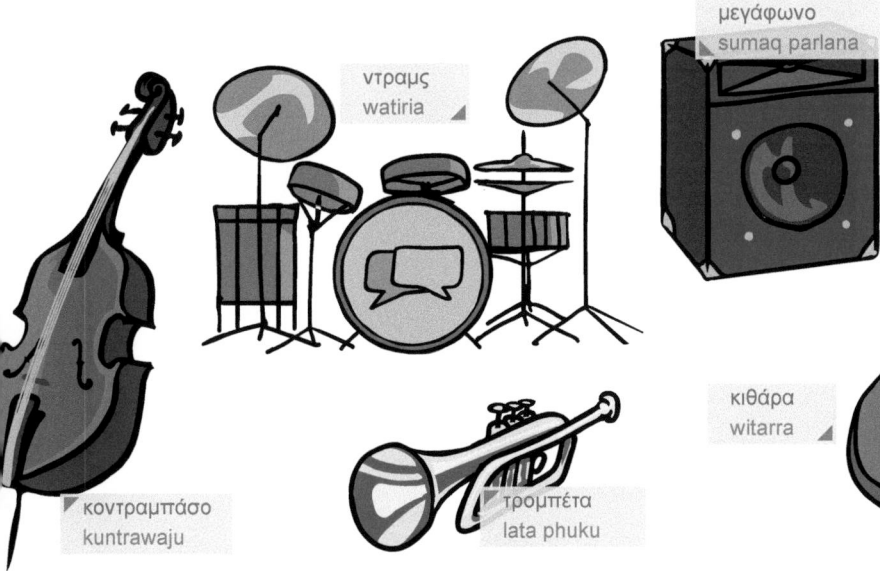

πιάνο
pianu

βιολί
wiulin

μπάσο
waju

τύμπανα
tinwalis

τύμπανο
wankar

πλήκτρα
tikladu

σαξόφωνο
saksu

φλάουτο
phukuna

μικρόφωνο
mikrufunu

μουσικά όργανα - takichiy nakuna

ζωολογικός κήπος
jatun uywa kancha

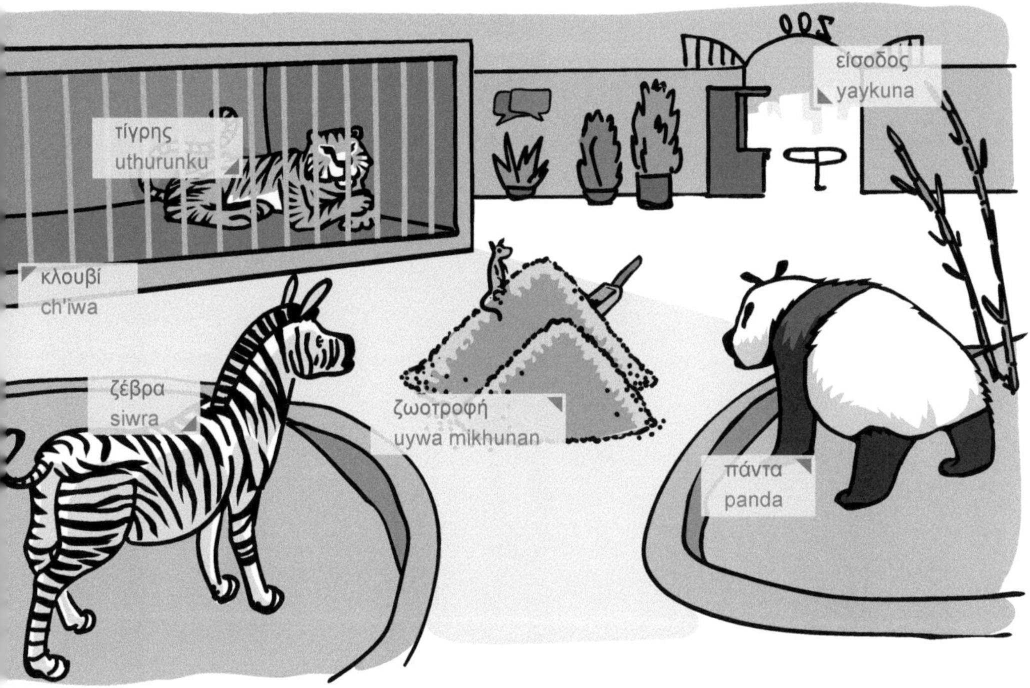

- τίγρης / uthurunku
- κλουβί / ch'iwa
- ζέβρα / siwra
- ζωοτροφή / uywa mikhunan
- είσοδος / yaykuna
- πάντα / panda

ζώα
uywa

ελέφαντας
ilijanti

καγκουρό
kanguru

ρινόκερος
rinusirunti

γορίλας
gurila

αρκούδα
jukumari

καμήλα
kamillu

στρουθοκάμηλος
suri

λιοντάρι
puma

πίθηκος
k'usillu

φλαμίνγκο
pariwana

παπαγάλος
q'ichichi

πολική αρκούδα
pular jukumari

πιγκουίνος
pinwinu

καρχαρίας
tiwurun

παγώνι
pawu

φίδι
katari

κροκόδειλος
kukuwurilu

φύλακας ζωολογικού κήπου
jatun uywa kancha arariwa

φώκια
fuka

τζάγκουαρ
uthurunku

ζωολογικός κήπος - jatun uywa kancha

πόνυ
puni

λεοπάρδαλη
lliwpardu

ιπποπόταμος
hipuputamu

καμηλοπάρδαλη
jirafa

αετός
anka

αγριογούρουνο
sintiru

ψάρι
challwa

χελώνα
turtuga

θαλάσσιος ίππος
mursa

αλεπού
atuq

γαζέλα
gacila

αθλήματα
atipanaku pukllay

δραστηριότητες
ruwakuna

πηδάω
phinkiy

γελάω
asiy

αγκαλιάζω
mak'alliy

περπατάω
puriy

τραγουδάω
takiy

ονειρεύομαι
musquy

προσεύχομαι
mañakuy

φιλάω
much'ay

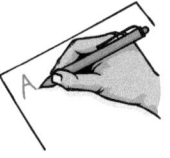

γράφω
qillqay

σχεδιάζω
t'iktuy

δείχνω
qhawachiy

πιέζω
tanqay

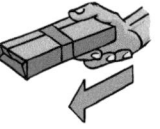

δίνω
quy

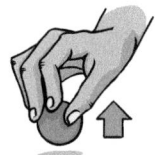

παίρνω
uqhariy

έχω yuq	κάνω ruway	είμαι kay

στέκομαι sayay	τρέχω t'ijuy	τραβάω chuqay

ρίχνω chuqay	πέφτω urmay	ξαπλώνω siriy

περιμένω suyay	κουβαλώ apay	κάθομαι chukuchiy

φοράω p'achachakuy	κοιμάμαι puñuy	ξυπνάω rikch'ay

δραστηριότητες - ruwakuna

κοιτάω
qhaway

κλαίω
waqay

χαϊδεύω
waylluy

χτενίζω
sikray

μιλάω
rimay

καταλαβαίνω
unanchay

ρωτάω
tapuy

ακούω
uyariy

πίνω
upyay

τρώω
mikhuy

συγυρίζω
kamachiy

αγαπάω
khuyay

μαγειρεύω
wayk'uy

οδηγώ
q'iwiy

πετάω
phaway

δραστηριότητες - ruwakuna

 κάνω ιστιοπλοΐα wamp'uy	 υπολογίζω yupanchay	 διαβάζω ñawiriy
 μαθαίνω yachay	 δουλεύω llamk'ay	 παντρεύομαι sawaray
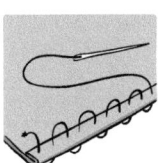 ράβω siray	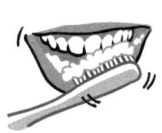 βουρτσίζω τα δόντια kiru khitukuy	 σκοτώνω wanchiy
 καπνίζω pitay	 στέλνω kachay	

δραστηριότητες - ruwakuna

οικογένεια
yawar masikuna

γιαγιά / jatun mama

παππούς / jatun tata

πατέρας / tata

μητέρα / mama

μωρό / wawa

κόρη / warmi wawa/ ususi

γιος / qhari wawa/ churin

καλεσμένος
jamuynisqa

θεία
ipa

θείος
kaki

αδελφός
tura/wawqi

αδελφή
ñaña/pana

σώμα
uqhu

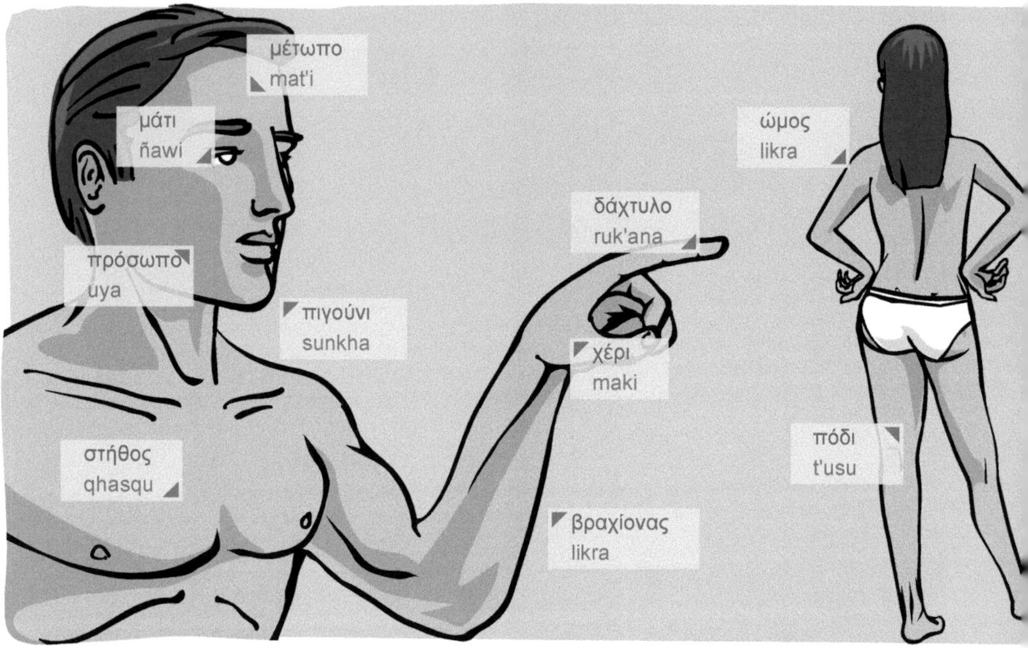

μέτωπο
mat'i

μάτι
ñawi

ώμος
likra

δάχτυλο
ruk'ana

πρόσωπο
uya

πιγούνι
sunkha

χέρι
maki

στήθος
qhasqu

πόδι
t'usu

βραχίονας
likra

μωρό
wawa

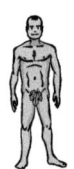

άνδρας
qhari

γυναίκα
warmi

κορίτσι
sipas

αγόρι
yuqalla

κεφάλι
uma

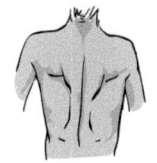

πλάτη
wasa

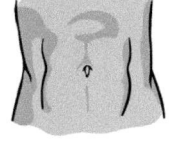

κοιλιά
wisa ukhu

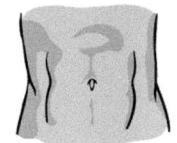

αφαλός
pupu

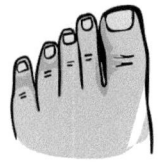

δάχτυλο ποδιού
ruk'ana

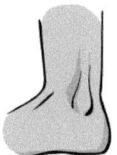

φτέρνα
takillpa

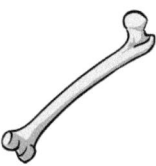

κόκκαλο
tullu

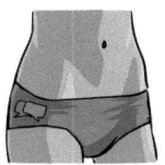

γοφός
chaka

γόνατο
muqu

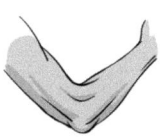

αγκώνας
maki muqu

μύτη
sinqa

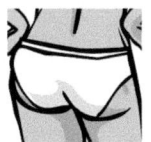

γλουτός
siki

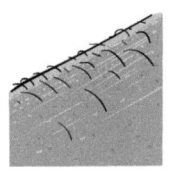

δέρμα
qara

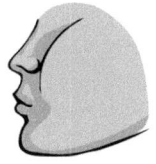

μάγουλο
k'aqlla

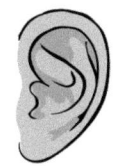

αυτί
linri

χείλος
sipri

σώμα - uqhu

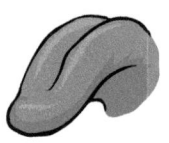

στόμα
simi

δόντι
kiru

γλώσσα
qallu

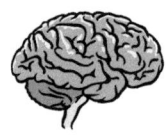
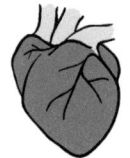

εγκέφαλος
ñuqtu

καρδιά
sunqu

μυς
mach'i

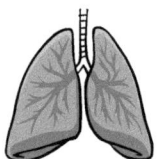

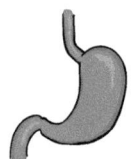

πνεύμονας
surq'an

συκώτι
k'iwicha

στομάχι
wisa

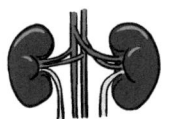

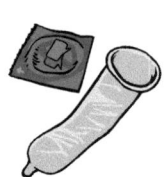

νεφρά
wasa ruru

σεξουαλική επαφή
lluq'anaku

προφυλακτικό
condon

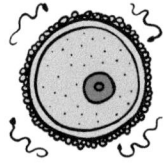

ωάριο
ch'uytu

σπέρμα
yuma

εγκυμοσύνη
wiksayuq kay

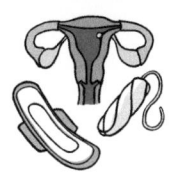
περίοδος
k'ikuy

γυναικείος κόλπος
rakha

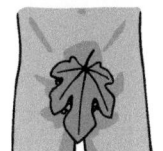
πέος
ullu

φρύδι
qhichira

μαλλιά
chukcha

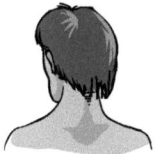
λαιμός
kunka

σώμα - uqhu

νοσοκομείο
Jampina wasi

- νοσοκομείο / Jampina wasi
- ασθενοφόρο / ambulancia
- αναπηρικό καροτσάκι / muyuq tiyana
- κάταγμα / tullu p'akisqa

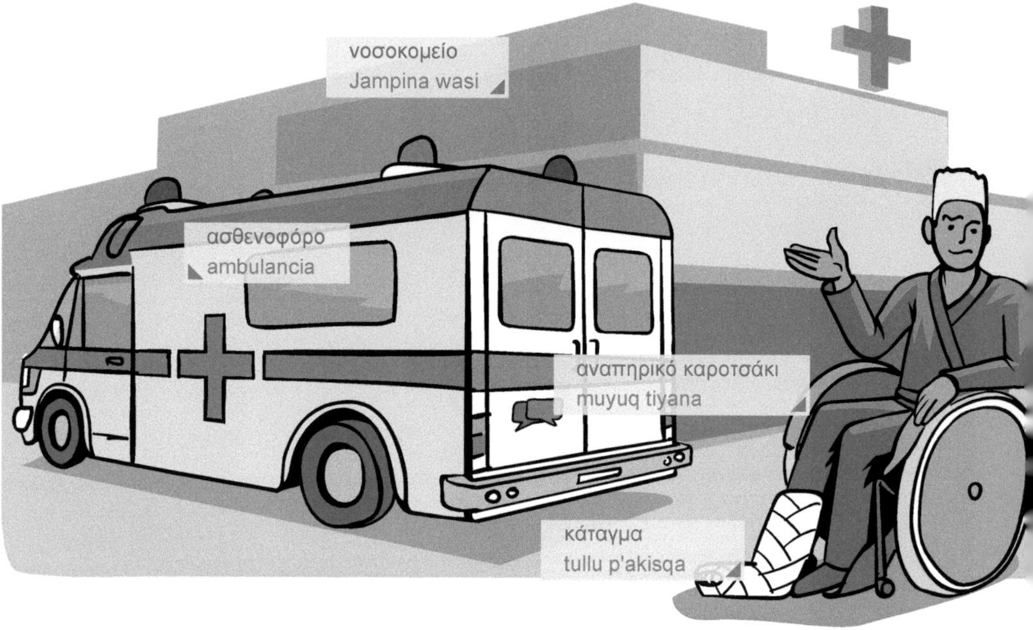

γιατρός
jampi kamayuq

μονάδα εντατικής θεραπείας
urgencia wasi

νοσοκόμα
jampi yanapaq

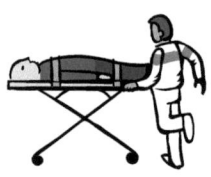

έκτακτη ανάγκη
urjinsia

λιπόθυμος
mana yuyayniyuqchu

πόνος
nanay

τραύμα
ñuti

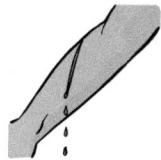
αιμορραγία
sirk'ay

έμφραγμα
infarto

εγκεφαλικό
wayra

αλλεργία
millachikuq

βήχας
ch'uju

πυρετός
k'aja unquy

γρίπη
p'urqi

διάρροια
q'icha

πονοκέφαλος
uma nanay

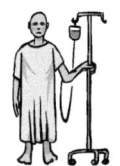
καρκίνος
isqu unquy

διαβήτης
diyawitis

χειρουργός
jampi kamayuq

νυστέρι
bisturi

εγχείρηση
upirasiun

αξονική τομογραφία
TAC

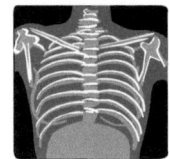
ακτινογραφία
tullurikuchi

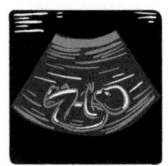
υπέρηχος
ultrasunidu

μάσκα
jark'ana

ασθένεια
unquy

αίθουσα αναμονής
suyanapaq k'illi wanlla

πατερίτσα
tawna

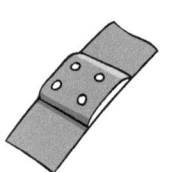
χάνσαπλαστ
tinta

επίδεσμος
manku

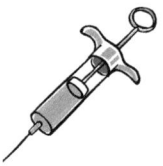
ένεση
inyiksiun

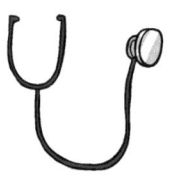
στηθοσκόπιο
istituskupiu

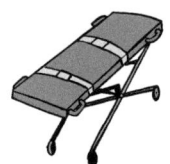
φορείο
kallapu

θερμόμετρο
llaphi tupuna tupu

γέννηση
paqarisqa

υπέρβαρο
wirachasqa

νοσοκομείο - Jampina wasi

ακουστικό βαρηκοΐας
audifono

αντισηπτικό
disinjiktanti

λοίμωξη
q'iyacha

ιός
miyu

HIV/AIDS
VIH / SIDA

φάρμακο
jampi

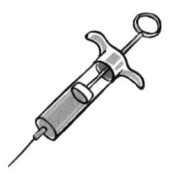
εμβολιασμός
wakuna

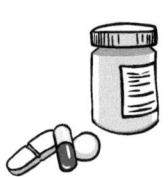
δισκία
tawlitakuna

χάπι
pastilla

ήση έκτακτης ανάγκης
usqay waqyana

πιεσόμετρο αίματος
tinsiumitru

άρρωστος / υγιής
unqusqa / qhali

νοσοκομείο - Jampina wasi

έκτακτη ανάγκη
urjinsia

Βοήθεια!
¡Yaw!

συναγερμός
alarma

βιαιοπραγία
manchay

επίθεση
waykha

κίνδυνος
chhiki

έξοδος κινδύνου
punku utqay lluqsinapaq

Φωτιά!
¡Nina!

πυροσβεστήρας
nina wañichiq

ατύχημα
ñak'ariy

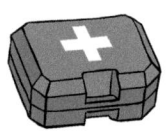

κουτί πρώτων βοηθειών
botiquin de primeros auxilios

SOS
SOS

αστυνομία
pulisiya

Γη
Pacha

Ευρώπη
Iwrupa

Βόρεια Αμερική
Chincha Amerika

Νότια Αμερική
Qulla Amerika

Αφρική
Ajurika

Ασία
Asia

Αυστραλία
Awstralia

Ατλαντικός Ωκεανός
Atlantiku

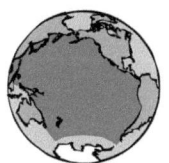
Ειρηνικός Ωκεανός
Pasijiku

Ινδικός Ωκεανός
Indiku mama qucha pacha

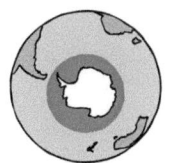
Ανταρκτικός Ωκεανός
Antartiku mama qucha pacha

Αρκτικός Ωκεανός
Artiku mama qucha pacha

Βόρειος Πόλος
chincha pulu

Νότιος Πόλος	Ανταρκτική	Γη
qulla pulu	Antartida	Pacha

  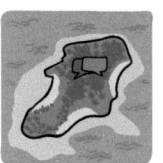

γη	θάλασσα	νησί
jallp'a	mama qucha	tara

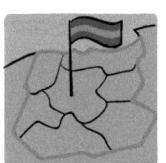 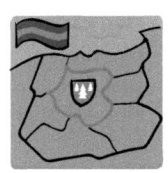

έθνος	πολιτεία
llaqta	Suyu

ρολόι
phani (kuna)

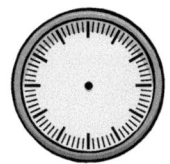

καντράν ρολογιού
muruq'u

ωροδείκτης
phani tuqsiq

λεπτοδείκτης
chininiq

είκτης δευτερολέπτων
ch'ipu yupaq

Τι ώρα είναι;
¿Ima phanitaq?

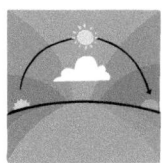

ημέρα
p'unchaw

χρόνος
pacha

τώρα
kunan

ψηφιακό ρολόι
dijital inti watana

λεπτό
chinini

ώρα
phani

εβδομάδα
qanchischaw

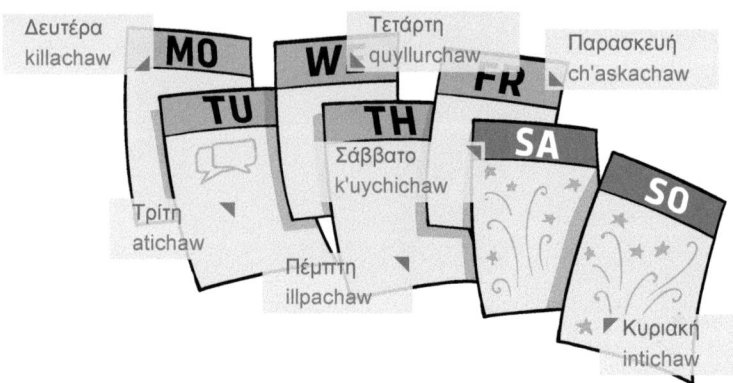

Δευτέρα killachaw
Τετάρτη quyllurchaw
Παρασκευή ch'askachaw
Σάββατο k'uychichaw
Τρίτη atichaw
Πέμπτη illpachaw
Κυριακή intichaw

χθες
qayna

σήμερα
kunan

αύριο
p'unchaw

πρωί
p'unchaw

μεσημέρι
chawpi p'unchaw

βράδυ
sukha

εργάσιμες ημέρες
llamk'ana p'unchawkuna

Σαββατοκύριακο
tukuq qanchischawnin

έτος

wata

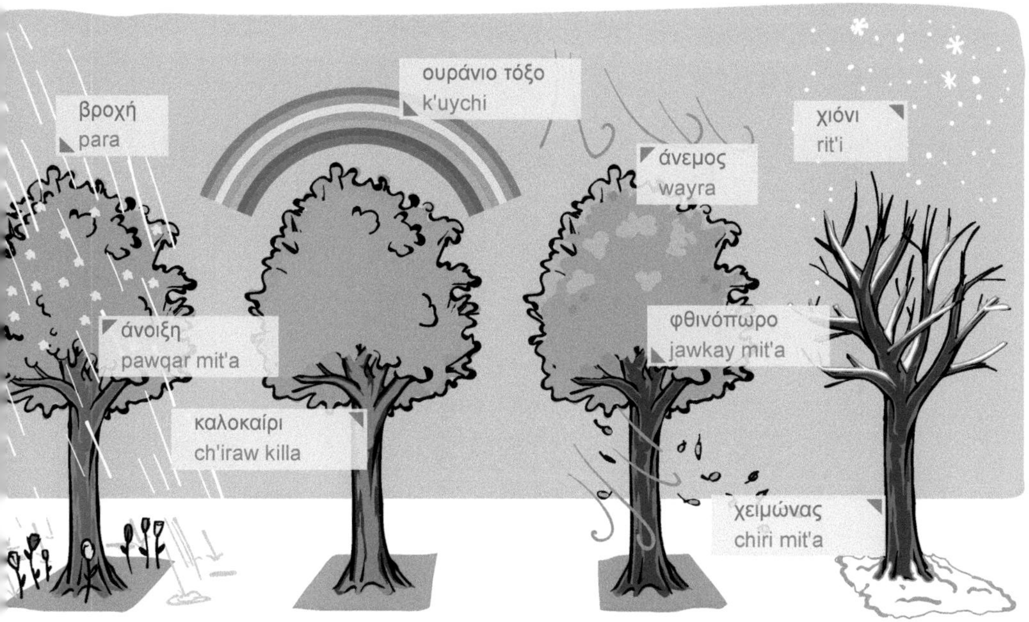

βροχή
para
ουράνιο τόξο
k'uychi
χιόνι
rit'i
άνεμος
wayra
άνοιξη
pawqar mit'a
φθινόπωρο
jawkay mit'a
καλοκαίρι
ch'iraw killa
χειμώνας
chiri mit'a

4.APRIL 11°
5.APRIL 4°
6.APRIL 13°
7.APRIL 8°
8.APRIL 10°

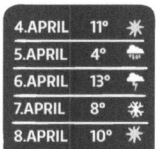

πρόγνωση καιρού

inti raki

F
C
120
90
60
30
0
-30
40
30
20
10
0
-10
-20

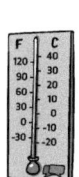

θερμόμετρο

tirmumitru

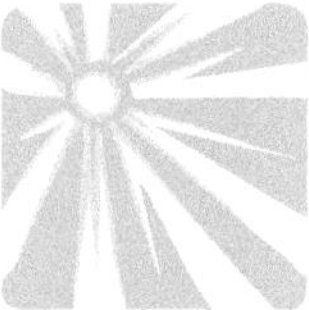

λιακάδα

inti

σύννεφο

phuyu

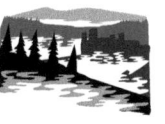

ομίχλη

phuyu

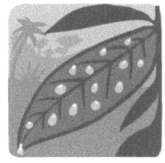

υγρασία

juq'u

αστραπή
illapa

κεραυνός
illapa

καταιγίδα
tamya

χαλάζι
chikchi

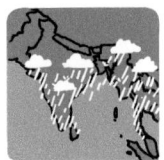
μουσώνας
muyuq wayra

πλημμύρα
lluqlla

πάγος
chullunka

Ιανουάριος
qhaqmiy killa

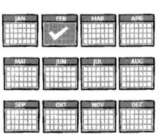
Φεβρουάριος
jatunpuquy killa

Μάρτιος
pachapuquy killa

Απρίλιος
ariwaki killa

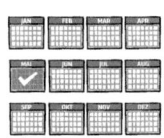
Μάιος
aymuray killa

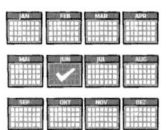
Ιούνιος
jawkaykuskuy killa

Ιούλιος
chakrakunakuy killa

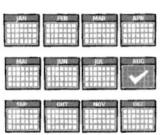
Αύγουστος
chakraypuy killa

έτος - wata

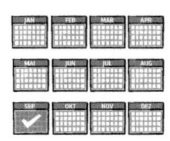
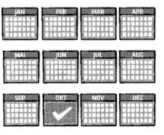
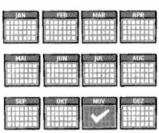

Σεπτέμβριος
tarpuy killa

Οκτώβριος
pawqarwara killa

Νοέμβριος
ayamarq'ay killa

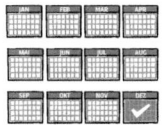

Δεκέμβριος
qhapaq inti raymi killa

σχήματα
pacha tupusqa rikch'ay

κύκλος
muyu yupa

τετράγωνο
tawak'uchu yupa

ορθογώνιο
παραλληλόγραμμο
sayt'u yupa

τρίγωνο
kimsa k'uchu yupa

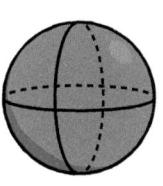

σφαίρα
muruq'u

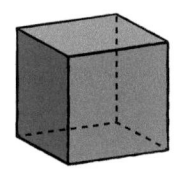

κύβος
yupa wayru

χρώματα
llimp'ikuna

άσπρο
yurak

κίτρινο
q'illu

πορτοκαλί
willapi

ροζ
panti

κόκκινο
puka

μωβ
kulli

μπλε
anqas

πράσινο
q'umir

καφέ
ch'umpi

γκρι
uqi

μαύρο
yana

αντίθετα
wakjinakuna

πολύ / λίγο
achkha / pisi

θυμωμένος / ήρεμος
phiña / qhasi

όμορφος / άσχημος
k'acha / millay

αρχή / τέλος
qallariy / tukuy

μεγάλος / μικρός
jatun / juch'uy

φωτεινός / σκοτεινός
sut'i / tuta

αδελφός / αδελφή
wawqi / pana

καθαρός / λερωμένος
llimphu / ch'ichi

πλήρης / ατελής
junt'asqa / mana junt'asqa

ημέρα / νύχτα
p'unchaw / tuta

νεκρός / ζωντανός
wañusqa / kawsaq

φαρδύς / στενός
chhuqu / k'ichki

βρώσιμος / μη βρώσιμος

mikhunapaq / mana mikhunapaqchu

κακός / ευγενικός

sakra / k'acha

ενθουσιασμένος / βαριεστημένος

kusisqa / majisqa

παχύς / λεπτός

rakhu / tullu

πρώτος / τελευταίος

ñawpaq / qhipa

φίλος / εχθρός

masi / awqa

γεμάτος / άδειος

junt'a / ch'in

σκληρός / μαλακός

k'urki / llamp'u

βαρύς / ελαφρύς

llasa / chhalla

πείνα / δίψα

yarqhay / ch'akiy

άρρωστος / υγιής

unqusqa / qhali

παράνομος / νόμιμος

chanin / mana chanin

έξυπνος / χαζός

yuyaysapa / upa

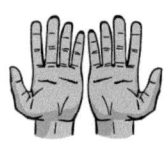

αριστερός / δεξιός

lluq'i / paña

κοντινός / μακρινός

qaylla / karu

καινούριος / μεταχειρισμένος
musuq / mawk'a

τίποτα / κάτι
ch'usaq / imapis

γέρος | νέος
machu / wayna

αναμμένος / σβηστός
jap'isqa / wanchisqa

ανοιχτός / κλειστός
kichasqa / wisq'asqa

χαμηλόφωνος / μεγαλόφωνος
ch'in / ch'aqwa

πλούσιος / φτωχός
qhapaq / wakcha

σωστός / λανθασμένος
chiqan / mana chiqan

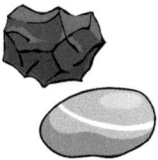

τραχύς / λείος
qhachqa / llamp'u

λυπημένος / χαρούμενος
llakisqa / kusi

κοντός / μακρύς
k'aka / karu

αργός / γρήγορος
jayra / utqay

υγρός / στεγνός
juq'u / ch'aki

ζεστός / δροσερός
rupha / chiri

πόλεμος / ειρήνη
awqay / sunqu tiyakuy

αντίθετα - wakjinakuna

αριθμοί
yupaykuna

0
μηδέν
ch'usak

1
ένα
uk

2
δύο
iskay

3
τρία
kimsa

4
τέσσερα
tawa

5
πέντε
phichqa

6
έξι
suqta

7
εφτά
qanchis

8
οκτώ
pusaq

9
εννιά
jisq'un

10
δέκα
chunka

11
έντεκα
chunka ukniyuq

12

δώδεκα

chunka iskayniyuq

13

δεκατρία

chunka kimsayuq

14

δεκατέσσερα

chunka tawayuq

15

δεκαπέντε

chunka phichkayuq

16

δεκαέξι

chunka suqtayuq

17

δεκαεφτά

chunka qanchisniyuq

18

δεκαοκτώ

chunka pusaqniyuq

19

δεκαεννέα

chunka jsq'unniyuq

20

είκοσι

iskay chunka

100

εκατό

pacha

1.000

χίλια

waranqa

1.000.000

εκατομμύριο

junu

αριθμοί - yupaykuna

γλώσσες
simikuna

Αγγλικά
inklis simi

Αμερικάνικα Αγγλικά
amerikanu inklis simi

Μανδαρίνικα Κινέζικα
mandarin chinu simi

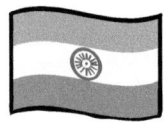

Χίντι
jindi simi

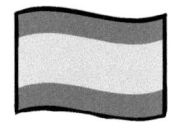

Ισπανικά
castilla simi

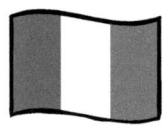

Γαλλικά
fransis simi

Αραβικά
arabia simi

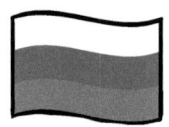

Ρώσικα
rusia simi

Πορτογαλικά
purtugal simi

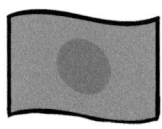

Μπενγκάλι
bingali simi

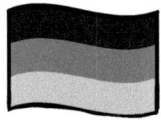

Γερμανικά
alimania simi

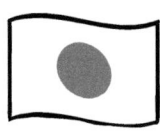

Ιαπωνικά
japun simi

ποιος / τι / πως
pi / ima / imayna

εγώ
ñuqa

εσύ
qam

αυτός / αυτή / αυτό
pay / pay / chay

εμείς
ñuqanchik

εσείς
qamkuna

αυτοί / αυτές / αυτά
paykuna

ποιος / ποια / ποιο;
¿pitaq?

τι;
¿imataq?

πώς;
¿imaynataq?

πού;
¿maypitaq?

πότε;
¿mayk'aq?

όνομα
suti

που
maypi

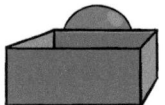

πίσω

qhipa

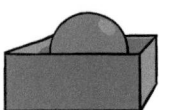

μέσα

pi

μπροστά

ñawpaq

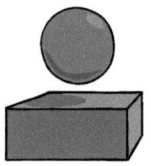

πάνω από

pantanpi

πάνω

pata

κάτω

uranpi

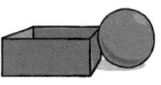

δίπλα

kuska

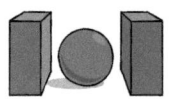

ανάμεσα

chawpi

μέρος

chiqan